kwam ik de wijze Ijsbeer tegen.

Jongen, wat heb je het toch druk.

Hoog Sammy, kijk omhoog Sammy

Voor Mirjam en Dé

Over Max verschenen eerder:
Ik hoor bij jou
Ik blijf bij jou
Jij bent geweldig!

© 2010 tekst en illustraties: Marie-Louise en Mark Sekrève
www.bulkjes.nl
© 2010 voor deze uitgave:
Uitgeverij De Fontein, Baarn
www.uitgeverijdefontein.nl
Vormgeving: Zeno
ISBN 978 90 261 5650 2
NUR 370 / 274
Alle rechten voorbehouden.

MARIE-LOUISE EN MARK SEKRÈVE

Tijd voor jou

DE FONTEIN

Toen ik bezig was met alles wat gedaan moest worden,

Daar weet ik nog een mooi verhaal over.

Walrus, jongen, wees gewoon even stil...

Er was eens een pinguïn, we noemen hem Max.

Max had het goed.

Elke nacht sliep hij op tijd,

want elke morgen moest hij vroeg naar het grote wak,

zodat er nog veel vis te vangen was,

die hij elke middag opat,

zodat hij hard over de berg kon glijden,

naar de heuvel,

waar hij de witste sneeuw moest verzamelen,

om daarna met zijn vrienden te toosten
op de goede dag.

Hij sliep op tijd, want elke morgen...

Tot Max op een dag de wijze Ysbeer tegenkwam.

Jongen, wat heb je het toch druk!

Daar weet ik nog een mooi...

Wijze Ysbeer, ik heb nu geen tijd!

Max, mijn jongen, wees gewoon even stil...

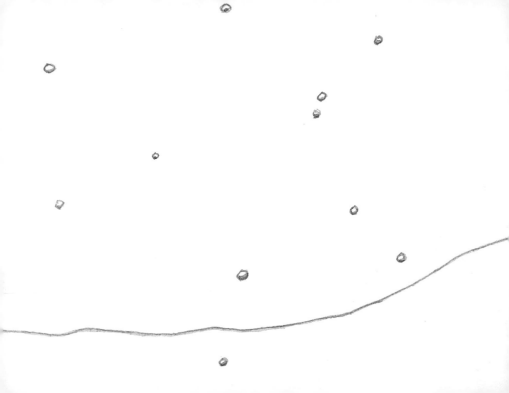

Vanaf die dag werd alles anders.

En elke morgen wandelde hij naar het grote wak.

waar hij verse vis ving,

die hij elke middag opat.

Hij gleed over de berg naar de heuvel

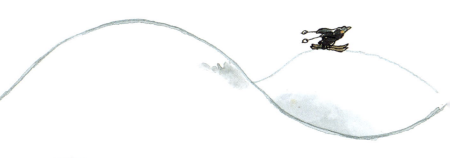

waar hij sneeuw verzamelde,

om daarna met zijn vrienden te toosten op de mooie dag.

En nu jij, mijn Walrus, sta even stil...